国家出版基金项目
NATIONAL PUBLICATION FOUNDATION

汉字中国

汉字与传说

田舍之\著

少年儿童出版社

汉字是一眼泉

——写给小朋友的话

我看汉字，是一个个活泼泼的精灵。好多年了，这些古老的精灵常常在时空的缝隙里探出头来，俏皮地眨眨眼，像是与你捉迷藏的孩子。我找寻它们，于是慢慢走近古人，走进五千年文明，时时能捡拾到散落在历史长河边的五彩斑斓的智慧之贝。

初识这些精灵是二十几年前的事，不过那时只是猎奇，只是用它们来装点生活，如同路边采撷一枝不常见的野花，簪在发梢，添一分美艳。一件事物，被视作工具时，即便了解得再深刻、掌握得再熟练，都不过是一种技艺，没办法感知温度、触及灵魂，没办法润泽生命、滋养内心的安宁与欢悦。

　　将我唤回正途的是孩子们。十年前，教几个孩子写字，闲暇时，画些甲骨文让他们猜，没想到他们满眼的惊喜，没想到他们可以精准地说出那些符号的本义，甚至可以描述出一个个的故事。那一刻，忽然觉得讲授知识和技艺没那么重要了，那时起，决定和孩子们一起去亲近汉字，带他们探知汉字背后的故事和秘密。

　　我们先开了画字课：列一个主题，试着用最简单的符号表述，看谁画出的"字"最生动、准确。能把复杂的事物刻画得简单、准确，不容易。比如"人"，我们能画出正面直立的"大"的形状，没办法简约成侧身弯腰劳动的形象；比如"天"，我们会画一朵朵的云，会画日月星空，想不出在人的头顶标注出天的意象；比如"问"，我们可以想到一个人询问另一个人的场景，不会简化成一扇门、一张口……

比起画字，孩子们更喜欢看"字"讲故事。"月"，他们会说月牙中的点是玉兔、金蟾、嫦娥或吴刚；"安"，他们说是妈妈等他们回家吃饭；"习"，他们说是春天的清晨小鸟偷偷溜出温暖的窝迎着朝阳练习飞翔，甚至说是被后羿射落的三足金乌飞回来陪昔日的兄弟朝升夕落……

我从不点评，只告诉他们没有对错，没有标准答案，只有思维是否精炼合理，思想放飞得是否足够遥远。我喜欢看他们认真观察、努力思考的样子，喜欢他们自由自在、无拘无束的畅想。我总觉得他们需要这样的抽象与想象，需要感悟那些汉字精灵的睿智，需要在这样漫无边际的遐想中与远古的智慧碰撞、汇通，继而开创自己美好的未来。

　　有一次，我给他们讲"学"："子"是学生，"冖"是房子，"爻"是知识，上面那双大手是老师。有孩子问："为什么老师的手在教室外面呢？"没想过这个问题，一下子语塞。后来有孩子说那是天神的双手，说神话故事里人都是和神仙学本事的，包括孙悟空，师父是菩提老祖，所以才有了后来的上天入地、神通广大。这个说法倒是有趣，是否有神仙姑且不说，伏羲画卦、仓颉造字，确是仰观天文、俯察地理而来，而且"神"字的金文，中间是表示贯通天地的竖，两侧就是和"学"字一模一样的倒垂的大手。

　　孩子们的眼睛里，是干净得没有渣滓的世界，这种纯净，能清洗心霾。好多汉字，是他们启发了我的思考，甚至有些字，是他们教会我该如何认知。

　　汉字是一扇门，门外是知识，门里是智慧。汉字是一眼泉，汩汩而出的是清澈，濯净澄明的是心田。这十年，感恩那些陪我一起长大的孩子们，感恩那些精灵般的汉字，他们让我不泥陷于知识的海洋，让我窥见传统文化背后的精微与深邃，他们让我在红尘侵染中找回自己，让我在心底种下一抹柔软与清明。

这些年，我于汉字，如入山寻宝，每有所获，且生命越经历，所得越丰厚。那些汉字精灵，常常在我认知的一步之遥等着我，可当我迈进，伸手去触摸时，又倏地闪到更远处。我曲曲折折地追着它们走，穿越经典，穿越亘古，隐约遇见了光。有时我会想，或者它们不是与我捉迷藏，只是想带我去往它们生出的地方。那里，一定很美好。

写这套书，写这些文章，心里只有一个念头，若是孩子们能随我同去，该有多好。

田舍之
戊戌夏至于潮白河随寓

目 录

我们都会长大

很久很久以前，有一位非常聪明的人，名叫仓颉。他是黄帝的史官，负责记录一些重大的事务。那时候还没有文字，只是靠打绳结、画符号的方法帮助记忆，时间一久，有些绳结、符号表示的事情很容易被遗忘。据说黄帝在和炎帝的一次很重要的谈判中失利，就是因为仓颉回忆不起记录的细节了。仓颉为此很自责，辞了官，躲到深山里，决心创造一种简单、准确的记录方法。终于有一天，他从鸟兽的足迹中得到了启发，决定用最简练、形象的图画来描述事物，比如用"⊙"来表示太阳，用"♡"来表示心脏，用"⊥"来表示上面……活泼有趣的汉字就这样产生了。

不要小瞧这些汉字，它们可不是所谓的"简笔画"，慢慢走进去，可以发现其中蕴藏着无比丰富、深邃的思想和智慧。古人造字有两个要素：一是像，二是简单。"像"是为了让人能直观地看出它要表达的含义，"简单"是为了书写方便，前者需要技术，后者却是需要反复地琢磨、思考，不容易。比如太阳，若是画画儿，可以用一个圆圈儿加上许多放射状的短线来表示，可古人造字，把太阳的光芒浓缩成中间的一个点，所以有了现在笔画很少的"日"。

太阳的形状　　发光　　　太阳

尤其是表示一件事乃至意象和思想时，汉字，就变成了智慧的结晶。比如"水"，古人不是简单地画几条曲线来表示水波流动，而是在一条波浪线的两侧画了两段断开的短线——这和《易经》中"坎"卦的符号极其相似，据说是表示水流勇往直前的刚毅和随顺变通的柔软。一个简单的符号，在表达形状的同时能反映其中的道理和精神，好像只有中国的汉字能做到。我国自古就有"字易同源"的说法，可见古人造字时的思维不亚于发明易经卦象时的洞明与睿智。

水流波动　　变通　　水流

　　传说造字的始祖仓颉生有"重瞳"，也就是有四只眼睛。这当然是后人的臆测，但其中要表述的很可能是仓颉的"火眼金睛"能洞穿事物的本质与规律。曾经带孩子们模仿仓颉造"人"字，孩子们大都画了个直立的人形——头、身体、四肢，又像又简单。然后我在黑板上画了一个侧身弯腰的"人"，告诉他们这是仓颉造的"人"字，然后孩子们开始七嘴八舌地说："这是一个人在田地里劳动""这是一个人在鞠躬行礼""这很

像是从猿到人直立行走的过程""这个字比我们造的更简单"。

身体　　手臂　　侧身人形

孩子们的眼睛太纯粹，常常能看到我们看不到的东西，他们最接近仓颉。其实甲骨文中也有他们造的"人"字，只不过那个字是"大"，表示成人、大人。和孩子们一起探讨过"人"和"大"的区别，古时候所说的"大人"是有道德、有威望、受人尊敬的人，那么弯腰劳作的"人"该是普通人吧。我们的祖先或许是要通过这个字告诉我们：要成为品德高尚、伟岸高大的"大"人，需要勤劳、谦恭，需要抬起头看世界……

四肢　　躯平　　直立的人形

　　跟孩子们的这些碰撞，未必能还原古人造字的本意，但这些碰撞出来的火花，的确可以点亮我们的生命。在这样的讨论中，我们慢慢走近仓颉、走近汉字、走近来自远古的智慧。"入山寻宝，时有所获"，我常常这样形容我们对汉字的探索，神秘、有趣、欢喜。如此，汉字便不再是枯燥的符号和阅读的工具，而是一个个活泼泼的精灵。

　　关于"人"，还有一个很有意思的字——"子"，表示孩子。这个字很像是婴儿的样子：

大大的脑袋，伸展着的胳膊，因为还不会走路，所以腿是并拢着的。把这个字和"人"、"大"对比，发现它的特点在于大大的、空空的头。小的时候，我们头脑里是空空的，对这个世界一无所知，所以需要学习。学知识、学技能、学文化，学习怎样成为一个有本领、讲文明、爱劳动的"人"，这样学着学着，我们会渐渐长大，长成有道德、有智慧的"大"人。

头和躯体　摆动的手臂　孩子

很简单的三个字，告诉我们的却是做人、做事的道理，这就是汉字的智慧。汉字一直在我们身边，它们是有生命的，我们该在学习与生活中去亲近、熟悉它们，和它们做朋友，在它们的陪伴下，慢慢长"大"。

留取丹心照汗青

文字的出现，是人类历史上非常重要的一件事。《淮南子》中有"昔者仓颉作书而天雨粟、鬼夜哭"的记载，意思是说仓颉造字惊动了天地，以至天上下了一场谷子雨，而且在夜晚的时候，能听到鬼啼哭的声音。鬼神自然是没有的，古人认为有，大概也只是出于敬畏，当不得真。所谓"鬼夜哭",应该是说文字的出现让人们变得越来越智慧,不再惧怕鬼神,所以他们才会偷偷地哭。至于"谷子雨",只是个传说,不过二十四节气中的"谷雨"倒是和这个传说有关。

这些传说,表述了我们祖先对文字的敬畏和尊重。因为有了文字,人们的交流便不再受时间和空间的限制,人类的智慧和文明才得以传承。

最早,人们把文字书写在树皮或木片上,相互传递、交流。不过树皮或木片不易保存,于是人们就把重要的事情用刀刻在龟甲或兽骨上,我们现在能看到的最早的、成熟的文字,就是刻在甲骨上的"甲骨文"。刻有文字的甲骨,应该就是我们现在能看到的最古老的"书"。

"书"字的甲骨文"書",上半部分是

011

"聿"，下半部分是"日"的形状。"聿"是一只手握着毛笔的样子，其中的毛笔画得很形象，垂直的是笔杆，下端有毛，毛的底部用绳子固定在笔杆上。甲骨文中有"聿"字，也就是说，我们的祖先很早就发明了毛笔，而且在殷商时期就已经广泛用于书写了。"书"字下面的"日"，表示的不是太阳，而是手执毛笔写写画画的状态。

毛笔 ＋ 手 → 手执笔 ＝ 聿

手执毛笔 ＋ 写画 → 书写 ＝ 書

甲骨文中，最初表示图书、书本含义的字应该是"册"。一排排的木片或竹片，两端用绳子编排在一起，就是甲骨文"册"字的形状。有了"册"，人们就可以写比较长的文章了，而且"册"可以卷起来，便于携带、阅读，所以后来用"卷"表示书。

竹木简　　　绳编　　　简册

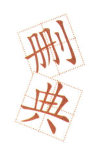

013

册简最初是用丝绳串联的。甲骨文的"编"字，左边是"册"，右边是丝绳的象形，表示用绳线把一片片的竹木简依次排列编联起来。写好的竹木简很容易因摆放而错乱，有序的"编"很重要，所以后来引申出编辑、

编订的含义。丝绳不结实，翻阅多了会断，于是人们用有韧性、耐磨的兽皮做绳来编联重要的典籍，称为"韦编"。孔子读《易》，韦编三绝，就是说孔子读《易》次数太多，以至编书的兽皮绳子都断了好多次。

册　　　丝绳　　　编联

那时候的读书人，经常用到的，除了竹木片、毛笔，还有小刀，用于修改写错的字句。"删"字的本义就是用"刀"删除"册"上写错的文字。

册　　　刀　　　删除

　　古人对重要的典籍非常尊重，甲骨文的"典"字即是双手恭敬地捧着"册"的形状。据说这样的"典"字，还有官吏以此为据判断是非和评判对错的意思，所以后来有了标准、法规的含义。金文时，有些字形把捧持典籍的双手写成了表示底座、高架的"兀"，突出了存放在高处，以示恭敬、尊重的意象。

册　　　双手捧持　　　典册

　　这些典籍常用的材质是竹片，被称作"竹简"。这些竹简的制作并不简单，人们先是选择上等的青竹，削成长方形的竹片，之后还要一片片烘烤，一是为了便于书写，二是为了干燥，防止变形、霉腐、虫蛀。烘烤的时候，新鲜湿润的青竹片上，会渗出水珠，像出汗一样，所以后来人们用"汗青"来表示这些典册。"人生自古谁无死，留取丹心照汗青"，意思就是人的生死并不重要，重要的是一个人活着，总要有些优秀的思想或情怀能留给后人。

我们读书，该是要从这些经典中汲取营养、智慧吧，博闻强识、知识渊博不是目的，重要的是我们要成长为一个怎样的人。功名利禄、富贵荣华，孔子认为只是"浮云"，人生的价值，是我们为社会、为他人做了些什么。当然，这些事不一定会载入史册流芳千古，但唯有如此，才能呈现生命真正的意义。

在心底种一抹中国红

丹青

019

白赤

传说最早的时候，宇宙就像一个大鸡蛋，里面混沌一团，没有温度，也没有颜色。有个叫盘古的人，在这个"大鸡蛋"里沉睡了上万年。后来盘古醒了，厌倦了周围的昏暗和冰冷，便凭借神力劈开了这一团混沌，于是有了日月山川，有了五彩缤纷的世界。

这个世界是美丽的，因为有许许多多的颜色。我们的祖先发现了美，他们开始观察这些颜色，后来发现，大自然中有五种最基本的色彩，分别是青、赤、黄、白、黑，其他颜色是可以通过这五种本色调和出来的。于是我们的祖先开始制作颜料，用丰富的色彩装点这个世界。

最早被制作的颜料应该是红色。甲骨文中有一个"丹"字，四周像是矿井的边栏，中间的点是个指事符号，表示开采出的矿物。《说文解字》中许慎对"丹"的解读是"巴越之赤石也"，意思是巴蜀吴越地带的红色矿石。所以"丹"字的本义是红矿石，后来引申出红色的含义。"人生自古谁无死，留取丹心照汗青"，文天祥诗句中的"丹"即是鲜红、赤诚的意思。包括"青"字，也是从"丹"会意而来，甲骨文的"青"，上面是一株草的形状，下面是"丹"，表示采掘出的青草色的矿石。

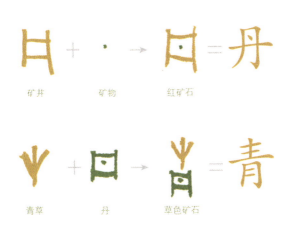

矿井　　　矿物　　　红矿石

青草　　　丹　　　草色矿石

021

　　古人常用矿物颜料作画，其中最主要的便是"丹"和"青"，所以后来"丹青"这个词便用来代指绘画，优秀的画家也被称作"丹青妙手"了。古代还有些颜料是在植物中提取的，不过矿物颜料保存的时间长且不

易褪色，所以"丹青"又被用来比喻坚贞不屈甚至名垂史册了。

　　除了"丹青"，中国画里常用的颜料是"墨"，甚至到后来有了专门的水墨画。据说西周时代人们就开始用煤烟、石炭制墨了，所以"墨"字由"黑"和"土"组成。其实"黑"字最早的字形里就有"墨"的影子。金文的"黑"，主体是表示人形的"大"，上面用一个圈标注了脸的位置，脸上的点像是烟灰。《说文解字》里对"黑"的解读是"火所熏之色也"，很形象地描绘出古人烧火时烟熏火燎、满脸黢黑的情境。

大人　　脸部　　烟灰　　烟熏黑脸

和"黑"相对的颜色是"白"。"白"的字形和颜色无关，最早是双舌重叠的样子，表示不停地说话，本义是说明、辩白，后来引申出明白、清白的含义，再后来就有了色彩洁白的意思了。古人用白色的宣纸写字、作画，所以彰显着中国文人修养和典雅气质的水墨画和书法被称作黑白的艺术，其中甚至承载了传统文化中最核心的阴阳宇宙观。

舌　　　　舌　　　　双舌重叠、
　　　　　　　　　　不停地说话

　　五色中最尊贵的颜色好像是"黄"。"黄"的甲骨文，是在表示箭的"矢"字中间加了

个指事符号"口"，据说本义是箭杆穿透箭靶，由此表示箭靶的靶心。有的甲骨文为了强调箭靶的准心，还在"口"中间加了一横，写成了"日"。古人用黄的泥浆在箭靶上涂画出圆圆的靶心，方便练习射箭的人瞄准，所以"黄"有了黄土颜色和"中"的含义。《说文解字》对"黄"的解读是"地之色也"，意思是中原土地的颜色；《礼记》中有"黄者中也"，《论衡》中有"黄为土色，位在中央"的句子。中国人崇尚土地，更崇尚"中"，所以黄色逐渐成为一种权力和尊贵的象征。唐代时，开国皇帝李渊甚至规定百官以及百姓都不许穿黄色的衣服，于是黄色渐渐成为皇家独享的色彩。

箭矢　　　　靶心　　　　箭杆穿透靶心　　黄

我们的祖先，把这些简单的色彩运用到极致，他们不只是描绘事物，更多的是表达情感与思想，他们用这些颜色创造了美。

这个世界是美好的，也是有温度的，颜色亦如此。五色中最温暖的是"赤"。"赤"这个字很有意思，上面是一个人，下面是一团火。一个人守着火堆做什么呢，是取暖，还是在跳舞？或者不只一个人，不过是为了写起来简便，才用一个"大"字代表了？看着这个字，我们可以想象：在一个月明星稀的夜晚，劳作了一天的人们点燃一堆篝火，手拉着手，欢快地舞蹈、歌唱……他们的脸

上洋溢着欢乐和幸福，在火光的映射中，身上满是红彤彤的光……

人形　　　　火　　　　人守着火堆

　　把如此温暖、愉悦的场景浓缩成一个汉字，用它来表示红色，可见古人心中的美好。汉字是有生命、有温度的，当我们了解了"赤"字的本义，再看到它时，所感知的便不再是一个符号或一种颜色，而是一团火焰、一个画面、一份热烈，这是汉字独有的魅力。

　　"赤"是火焰的颜色，是那种很纯正的红。在古代，表示红色的字还有很多，比如我们现在常用的"红"字，最初表示赤白色

的帛，即浅红色的丝织品，后来引申为粉红色、桃红色。此外，还有"朱"表示大红，"丹"表示朱砂红，"绛"表示深红。这些红色按由浅到深的次序排列，依次是"红—丹—赤—朱—绛"。这些都是中国的颜色，这些红，都是中国红。

我们把这些颜色用于生活，在生活中赋予它们生命和感情：春节的时候，家家户户都会贴上红彤彤的春联；传统的婚礼中，新郎新娘都会穿上红艳艳的婚服；重大的庆典中，也会有大片大片的红色来传递喜庆……

在这样的中国红中，我们感受到的是热情、积极、健康。或者，我们应该把这抹红种植在心底，让它生出赤诚、仁爱、友善和包容，从而温暖这个世界，从而成就真正的中国红。

我们都是一家人

姓
氏

029

传说盘古开天辟地之后，天上有了日月星辰，地上有了山川草木，但天地间并没有飞禽走兽，也没有人。后来有个叫女娲的神，觉得这世间太安静了，于是试着造一些更灵动的生命。她第一天造出了鸡，第二天造出了狗，之后又造出了猪、羊、牛、马，有了这些动物，世界变得更加丰富活泼了。第七天，女娲在溪边散步，忽然看到水中自己美丽的倒影，想着如果能按照自己的样子造一种生灵该有多好！于是她就蹲在溪边，用黄土和泥，捏出了一个个的人……后来人们为了庆祝自己的"生日"，就把每年的正月初七定为"人日"。

有一个汉字，很像这个故事中的场景：一个温婉的女子，娴静地跪坐在地上，双手叠放于膝前，慈祥地看着眼前稚嫩俏皮的生命。那些生命如同春天泥土中生长出的小草，秀美，坚韧，生机勃勃。跪坐的形态，是古时的"女"字，土上有草木，是古时的"生"字，两个字合在一起，便是"姓"。

生　　　　女　　　女子慈爱地看着孩子

女人繁衍了生命，大概就是"姓"字的本义。母系氏族时期，人们不是很注重生父，但对生育自己的母亲却是充满了崇敬的，所以会用母亲或是女性始祖的名字作为自己的"姓"，以示宗族血统。《说文解字》在"姓"字的释义中引用了一段很有趣的记录："古之神圣母，感天而生子，故称天子。"意思是远古时代，有一位神圣的母亲，感通天神而生育了后来成为帝王的儿子，所以后来的帝王被称作天子。用这样一个故事阐述"姓"字，有母系氏族崇拜母亲的痕迹与情结。

　　母系时代，有生育能力的妇女享有至高无上的权力。始祖的"始"字，最早的字形，右边是"女"，左边是表示掌管的"司"，就是对那个时代的描述。还有的字形，在"司"上面加了"厶"，也就是头朝下的胎儿，强调了生育的能力。所以我们的祖先很早就有

汉字
与
传说

032

姓，而且那些最古老的姓大都和"女"字有关，比如周文王姬昌的"姬"姓、姜子牙的"姜"姓、秦始皇嬴政的"嬴"姓，都有"女"字。

掌管　　　　女　　　　掌管氏族的女人

据说最早的姓还有一个起源——部落的图腾。原始的部落、族群，往往都有自己崇拜的保护神，有的是动物，有的是植物，所以他们会用自己信奉的图腾来命名族号，"熊""鹿""马""龙""杨""花""米""桑"等姓很可能由此而来。

后来，同一个姓的子孙不断繁衍，原有的土地不能供给这么多人的生活，于是有些支系迁往别的地方。为了区分这些支系，在同姓的基础上，又产生了"氏"。甲骨文的"氏"字很像是一个有枝有蔓的瓜，用这样的形状来表示分支，很是形象有趣。也有人觉得"氏"字甲骨文中的枝蔓是"人"，瓜形的图案是土地的简省或是手臂垂至地面的指事符号。这也能讲得通——以手抵地，表示宗族根底，更像是"氏"的本义。

| 枝蔓 | 瓜 | 有枝蔓的瓜 | 氏 |

到了父系社会，妻子成了丈夫家庭的成员，子女开始改从父亲氏族的姓氏。周朝时，宗法制度非常严明，只有贵族可以有姓氏，

老百姓没有。而且那时的"姓"和"氏"有明确的分别，女子有姓无氏，男子有姓有氏。战国后，"姓"和"氏"就不怎么区分了，很多人开始以氏为姓。汉魏以后，姓氏合一，平民百姓也开始普遍使用姓氏了。

姓氏的来源有很多，比如一个家族，有的人有了封地，于是封地在齐国的就以齐为氏，封地在鲁国的就以鲁为氏；有的人当官了，于是就以官名为氏，比如司马、上官；有的人是制作陶器的，就以陶为氏；有的人是做巫师的，就以巫为氏；还有的人，不太好区分，于是住在西门附近的，就以西门为氏，住在城东的就以东郭为氏……

再到后来，姓氏又不断演化，到明朝的时候，可考据的姓氏就有三千多个，现代出版的《中国姓氏大辞典》中，一共收录了23813个汉字姓氏。这么多的姓氏，追溯上去，

035

都有着意味深长的来历，都能和历史文化关联起来。所以姓氏不仅仅是家族系统的血缘符号，更像是超越时空、贯通古今的传统文化活化石。

世界上没有哪个民族，可以如我们这般传承有序。如同一棵大树，所有的姓氏都是繁茂枝丫上舒展着的鲜活的叶，它们都有着同一个根脉，都有着同一个雄壮的树干——中华民族。说起来，我们都是一家人，相亲相爱的一家人。

在时间的缝隙里

传说在远古的东海边，有一棵扶桑神树，树上栖息着十只三足金乌。它们轮流值班，每天黎明来临时，便有一只金乌飞上天空，变成太阳，放射出温暖的光芒，这就是人们平时看到的太阳。有一天它们贪玩儿，一起升上了天空，在十个太阳的照射下，大地草枯土焦，人们没办法生存。后来有一个叫羿的神箭手射下了九个太阳，人们才恢复了日出而作、日落而息的幸福生活。

最早的"日"字很简单，我已经在本书第一篇文章《我们都会长大》中讲到过，外面一个圆，表示太阳的形状，中间一个点，表示发光。不过我更喜欢把中间的点想象成那只三足金乌——少了昔日玩耍的伙伴，收了曾经顽劣的性子，每天尽职尽责、朝升夕落，为人间带来光明与温暖，赐予万物生命的力量……这样想着想着，简单的"日"字就有了鲜活的生命。

太阳东升西落，人们把这样的日出日落算作一天，所以"日"就有了时间的含义。甲骨文的"东"字，像是在"木"的中间捆绑了包裹，表示远行时携带的用木棍和布包扎成的行囊。甲骨文的"西"字，也像是用绳带缠绕、编织成的袋子，金文时，有的字形画出了袋子的提手。"东"的木棍是为了便于肩扛，"西"的提手是方便手提。据说古时候男子的行囊被称作"东"，女子的行囊被称作"西"，所以后来"东西"这个词有了物品的含义。

木棍　　　行囊　　　用木和布包扎成的行囊　＝ 东

包裹　　　绳带缠绕　方便手提的袋子　＝ 西

东西月

039

年时

　　东汉的许慎可能是没见过这两个字甲骨

文的形状，所以在《说文解字》中对"东""西"的释义是"日在木中""鸟在巢上"。篆书的"东"，"木"中间缠绕的绳子简化成了"日"，"西"字的提手和袋子很像是小鸟和鸟巢。日出东方，浮于草木；日落西方，倦鸟归巢。这样的意象和那个金乌的神话很是契合——早晨，金乌从扶桑树上飞起；傍晚，回到树上的巢穴栖息。如此想来，这两个字会更有情致。

草木　＋　太阳　→　日出东方 浮于草木　＝　东

鸟巢　＋　小鸟　→　日落西方 倦鸟归巢　＝　西

很多表示时间的字都和"日"有关，比如早晨的"早"，甲骨文的字形便由"日"和"屮"组成，"屮"是小草的形状。看这个字，很容易想象出旭日初升、草木沐浴在朝阳中的画面。还有一幅画：一片草丛，中间是"日"，表示太阳落到草丛里了。这是古时候的"莫"字，表示傍晚，后来又在下面加了个日，变成了"暮"。好多汉字，都是一幅幅简约美妙的抽象画，真走进去，常常会由衷地感叹古人的情思与创意。

041

太阳　　　草　　　旭日初升　　　早

草丛　太阳　太阳落到
草丛里的傍晚

暮

夕阳西下，月亮就慢慢在天空中浮现了。用一个什么样的形状表示月亮呢？皎洁的圆月容易和"日"字混淆，所以人们就用弯弯的月牙的形状来表示，于是就有了"月"字。黄昏时分，太阳刚刚落山，月光还不是很亮，所以去掉"月"字中间的光芒，就变成了"夕"字。就这样，一个个表示时间的好玩儿的汉字出现了。

月亮的形状　发光　月亮

月

月　　　　　光　　　　去掉光芒
　　　　　　　　　　　　的月亮

太阳的形状是不变的，月亮却不同，每天都有圆缺的变化。人们发现每次月亮圆缺的周期大概是三十天，于是把每一次月缺月圆称为一个月。我国古代常用的是阴历，也就是太阴历，"太阴"就是古人对月亮的称呼。我国的很多传统节日都是以阴历为准的，比如正月初一春节、五月初五端午节、八月十五中秋节……这里的初一和十五，指的就是阴历。

除了日和月，人们还发现了四季变化的规律：每十二个月就会迎来一次新的春、夏、秋、冬。古时候，人们最开心的季节该是秋天，

因为秋天是丰收的季节，人们这一年的生活，主要靠秋天的收成。有这样一个字：下面是"人"，上面是"禾"，一个人背着刚刚成熟的禾谷，表示收获、收成。这个字，就是现在的"年"。禾谷一年成熟一次，所以后来"年"字就有了时间的含义。

禾谷　　　　人　　　　人背着刚成熟的禾谷

金文时，"人"字的腿部加了指事的短横，演化成"千"，表示迁移、不停地行走。后来"年"字的隶书和楷书，都是由"禾"、"千"组成的"秊"字演变而来的。其实"年"字载谷归家的意象用"人"字表示足够了，一定要强调迁移，会不会是借谷物的成长来隐喻岁月的变更呢？

禾谷　　　　　千　　　谷物成长、时光迁移

春生夏长、秋去冬来，古人把轮转的四季称作"四时"。最早的"时"字，下面是"日"，上面是"之"。甲骨文中的"之"字很形象，上面是表示脚的"止"，下面的横是指事符号，意思是脚踏大地、徒步前进，所以后来有了往、到的含义。"之"和"日"放在一起，象征太阳的运动，后来为了更准确地表示时间，又加了表示光阴的长度的"寸"，于是就有了现在的"时"字。

脚　　　　指事符号　　　脚踏大地、徒步前行

行走　　　　太阳　　　　太阳的运动

　　时是连续的，间指的是间隔，年、月、日，都是时的间隔。我们都生存在时间的间隔里……有时候，有些字，会把人带到远方，带到时空的另一端与上古的神思相遇，带我们去触摸最向往的世界。那时的一切，都是那么自然、睿智、清和。

　　日月如梭，时光荏苒，在时间的缝隙中，我们渐行渐远……该用怎样的日子填补这些间隙，该怎样活着才不负光阴？或许是个值得深思的大问题。

有家的孩子是个宝

远古时期，人类的生存环境极其恶劣，经常面临食不果腹的境况，还要时时防范禽兽的侵袭。后来有一个人看到鸟儿衔枝筑巢，便尝试用树枝和藤条在高大的树干上搭建房屋，房屋的四壁和屋顶都用树枝遮挡得严严实实，既能挡风遮雨，又能躲避毒蛇猛兽的攻击，从此人

们远离了那种担惊受怕的日子。人们非常感激他的发明，尊称他为"有巢氏"。

"巢"字很有趣，下面的"木"表示树，中间的"田"是鸟窝的形状，上面的部分最生动——三只小鸟，尖尖的嘴巴探出巢外，四处张望，该是有点儿饿了，等鸟妈妈回来喂食吧。

树木　　　　鸟巢　　　　小鸟　　　饥饿的小鸟
　　　　　　　　　　　　　　　　　把头探出巢外

鸟儿筑巢很辛苦，人们在树上建造房屋更不容易，所以后来人们慢慢把住处搬到了地上，逐步改进，成了现在我们常见的房屋的样子。

人们在地上最早的居所应该是"穴"。甲骨文的"穴"由相对的两个"石"字构成，表示巨石自然拱成的洞窟。后来人们开始人工开凿洞穴，于是有了"穴"和"工"组成的"空"。古代有一个官职叫做"司空"，据说在尧帝时代就有设置，"司"是掌管的意思，"司空"应该就是主管建筑工程的官员吧。

石 ＋ 石 → 巨石拱成的洞窟 ＝ 穴

穴 ＋ 人工 → 人工开凿洞穴 ＝ 空

后来人们开始仿照巢穴在地面搭建房屋。最简单、形象表示房屋的字是"宀"，在这个字的甲骨文中能明晰地看到尖尖的屋顶和直立的墙体，还有的字形在屋顶加了一条短竖，有可能是表示烟囱。至此，能安然栖居、能避寒取暖，还能生火煮饭的屋子成型了。

屋顶　　　墙体　　　房屋

和"宀"有关的字，大都和房屋有关。比如住宅的"宅"，"宀"下面是"乇"，强调用托起的横梁建造房屋；比如宫殿的"宫"，"宀"下面加了两个"口"，像是一座有好多窗户的大型建筑；比如宇宙的

"宇"，"宀"下面的"于"是多管乐器"竽"的简省，用来表示房屋两侧翘起伸向天空的像"竽"一样的檐角……很简单的汉字，可以感知到古人的创意和精巧，可以想象出古代建筑的丰富、宏伟和精美。

房屋 ＋ 托起的拱梁 → 家宅 ＝ 宅

房屋 ＋ 窗户 → 有许多窗的大型建筑 ＝ 宫

房屋 ＋ 竽 → 有檐角的房屋 ＝ 宇

还有些汉字，也和古代的建筑有关。北京的"京"字，甲骨文的形状很像是在高台上建造的塔楼。古时候，人们会在都邑城墙上建设高耸的亭台用于瞭望预警，远望一座城池，最明显的建筑便是"京"，所以后来这个字便用来代指都城了。还有屋舍的"舍"，下面的"口"也像是高台的样子，上面是"余"的简写。甲骨文的"余"字，上端是圆圆尖尖的屋顶，下面是一根房柱撑着横梁，表示没有墙壁的茅屋——如此简易的建筑不宜居住，只能存放一些物资、杂物，于是后来引申出闲置、多余的含义了。

塔楼　　　　高台　　　在高台上
　　　　　　　　　　建造的塔楼

余　　村邑或高台　　茅屋

屋顶　　房柱　　没有墙壁的茅屋

巢穴空

家安

　　还有一个字，我一直觉得奇怪：一间房子里面，住着一头猪，这是甲骨文的"家"字。"家"字下面的"豕"是猪的象形，活脱脱就是一头大腹便便的猪……表示安居的家，把"豕"换成"人"岂不是更准确？而且，谁会在自己住的房间里养猪呢？难道是双层的房子，上面住人，下面养猪？现在南方有些屋子就有这样的形式，比如苗族的"吊脚楼"，房子是悬空的，靠柱子支撑，这样在下面空闲的地方养猪就能想得通了。后来又想，圈养猪可以保障食物供给，不用整日外出打猎，家里养猪，该是稳定、安康、富足的标志吧。

房屋　　　　猪　　　　有猪的房屋

富足的"富"字很有趣，是房屋里存有一大坛酒的样子。我们的祖先很早就会用粮食酿酒，所以有酒的家庭一定是生活宽裕、存有余粮的，看这个字，常常会笑，会想到古人酒足饭饱、其乐陶陶的样子。

房屋　　　　　酒坛　　　存有余粮的家

更能表示富有的字是"宝"。甲骨文的"宝"，由"宀"、"贝"、"朋"组成。"贝"是古时候的货币，表示钱财，"朋"是串起来的美玉，可以表示尊贵的身份，古人认为这些都是宝贝。有的甲骨文把玉串简化成了"玉"，金文时在房子里加了表示瓦罐的"缶"。如此，把珠贝玉石等奇珍异宝藏在家中瓦罐里的意象更加明显了。

房屋　　　贝　　玉串　家中藏有宝贝

不过，在现在的家庭里，最宝贝的是什么呢？在父母、长辈的心中，最宝贵的不是财物，而是孩子。有妈的孩子是个宝，我们之所以成了"宝"，是因为有爱，有父母无私的爱。有爱的人是幸福的，无论怎样漂泊，回到家总会心安。"安"是在一所房子里，有一个跪坐的女人。这个女人会是谁呢？该是母亲吧。"慈母手中线，游子身上衣"，读到这句诗，我就会想到这个字。有母亲在的地方，才是家，才是让我们心安的家。

059

世界那么大，我们可以去走走。但游历再久，总要记得，还有那么一个地方，有那么一个人，在等我们回家。

在路上

061

远古的时候，人们出行只能靠走路。传说黄帝看到人们远行辛苦，便一心想着要发明一种工具来代替人走路。有一天，他在野外劳动的时候，一阵风吹来，身边的蓬草被吹落在地上，继而随着风飞快地向前滚动。黄帝由此受到启发，发明了车轮，之后又以"横木为轩，直木为辕"造出了车，所以黄帝被称为"轩辕氏"。

历史上记载，四千年前一个叫奚仲的人，制造出第一辆马车。那时"车"字读"居"，大概是人可以在车上居住的意思，可以想象，那时候乘车出行该是件很舒服，甚至很风光的事。

因为时代久远，我们不清楚奚仲造的马车是什么样子，不过从甲骨文中可以清晰地看到三千多年前的马车：两个车轮，通过车轴连接，两端是防止车轮脱落的销子，古时称之为"辖"；车轴中间连接的是一根微曲的长木，称作"辕"；顶端与"辕"垂直相交的是"轭"，"轭"的两端套在马颈上，马匹就可以拉着车行走了。

车轮、轴辖　　辕、轭　　马车的样子

063

　　还有些甲骨文中我们可以看到车厢，古代称为"舆"，一般车厢上还有遮阳挡雨的"盖"。有"盖"的车应该是有身份的人才能乘坐的。古代把很多东西都赋予了"礼"的意义，比如马车，先秦时有两匹、四匹或六匹马拉的车，只有天子才有资格乘坐六匹马拉的车，也就是所谓的"天子驾六"，天子坐的车，该是极豪华舒适的。

　　很简单的一个汉字，形象地描绘出一驾马车的形状。为了书写方便，后来有了简化的"车"字，不过我们仍旧能看出"轮""轴""辖"的形状，从而一眼就能认出这个字表示的是"车"，这就是汉字的奇妙之处。

车轴、车轮　　　车厢　　　有车厢的马车

车轮、车轴　　车盖、车厢　　有车盖的马车

　　有了马车，人们开始修筑更宽敞、坚实的道路，以方便马车的奔驰，于是就有了"马路"。不过在古代，修筑"马路"还是比较费时费事的，人们平时出行，走得更多的还是普通的道路。在甲骨文中，有一个专门表

示道路的字——"行"。"行"字很像是一个十字路口。在四通八达的道路上人来人往，于是后来"行"便有了行走、行动的意思。

路　　　路　　　十字路口

人在路上行走，总是有目标、有方向的。不过也有时候会迟疑，尤其在十字路口。甲骨文中有这样一个字：一个人站在路口，张大了嘴巴，左顾右盼，不知道该往哪儿走。他是迷路了，还是看到了什么新鲜的事物，正在琢磨，是去这儿还是去那儿呢？这么好玩儿的字，是不是有迷惑、疑虑的意思？确实，这就是现在的"疑"字。

张大嘴巴的人　　　路口　　　左顾右盼的人

当然，也有人出行前便规划好了路径，然后坚定地行走，不会因为有岔路而犹疑，也不会因为有其他的诱惑而改变初衷和方向。这样的人是值得我们学习和尊敬的。古时候确实有这样一个字：路口中间，有一只大眼睛，目光笔直地正视前方……后来这个字下面加了一颗心，表示心念和目光一样坚定。这个字，就是现在的"德"。

路口　　　目光直视　　在路口直视前方

有"德"的人是有智慧的，他知道自己要去哪儿，知道该走什么样的路。最重要的，是他的坚定——不轻易改变自己的志向，不人云亦云、随波逐流，更不会轻言放弃。

孔子说"为政以德，譬如北辰，居其所而众星共之"，意思大概就是做事要以"德"为准则，像北极星那样坚定地挂在天空中，很多星辰自然会围绕在身边。

人这一生，很多时候是在路上的。在路上，是华丽舒适的车马重要，还是明晰的方向、坚定的"德行"更要紧呢？车，让人便于行走；德，却决定了我们行走的意义。其中的道理，需要细琢磨。

编织如锦的生命

相传黄帝战胜蚩尤后，带领人民种植五谷、驯养动物、冶炼铜铁，开始了忙碌而平静的生活。不过由于连年征战，很多人的衣服都很破旧，于是黄帝让自己的妻子嫘带领一些人专门负责为大家缝制衣服。那时候人们的衣服都是用树皮、葛麻或是野兽的皮革制成的，这些原材料相对短缺，所以制衣的进程很缓慢，嫘苦苦思索和寻找着新的材料。终于有一天，她发现了桑树上的蚕茧，发现这些蚕茧泡在热水里可以抽出丝来……于是一种新的制衣材料产生了。从此，在嫘的倡导下，人们开始栽桑养蚕，再不用为穿衣发愁了。后世人为了纪念嫘的功绩，尊称她为"嫘祖"。

嫘祖生活的年代太久远，我们没办法考证这些传说，但在两三千年前的汉字中，可以清晰地看到我们祖先发明、改进衣服的过程。比如"衣"字的甲骨文，上面是"入"，下面是有两只袖子、左右衣襟相覆的衣服的形状，表示两臂插入衣袖、穿起上装。"衣"在古代是指上衣，下衣被称为"裳"，类似现在的围裙，这种上衣下裳的服装形制据说在黄帝时代就有了。到了周代，又发明了一种叫"深衣"的服装款式，也就是把"衣"

和"裳"在腰处缝合连成一体，这很像是现在女孩子们穿的连衣裙。据说"深衣"的领、袖、裾还会用其他面料或刺绣镶边，在汉代被称作礼服。如此时尚的设计，我们沿用了几千年。

入　　　　衣襟　　　　穿衣

　　最早的衣服应该是用野兽的毛皮制成的，我们常用的"表"字，甲骨文的形象就是兽毛朝外的皮衣。皮衣是穿在外面的，所以"表"字后来有了表面、外表的含义。能看出皮衣形状的字还有"裘"，金文的"裘"字是"表"和表示手的"又"组成的，本义是穿上毛皮大衣，后来引申为裘衣。

衣　　　　兽毛　　　兽毛朝外的皮衣

皮衣　　　　手　　　穿上皮衣

　　还有一种用棕片缝制成的衣服。金文的
"衰"字，上面是衣领，下面是向下披垂的
蓬蓬的棕毛，古人将数层棕丝天然网织而成
的棕片连缀成衣，也就是我们现在还能看到
的"蓑衣"。这样的衣服质地轻便、疏而不漏，
可以防潮耐湿，人们可以在雨天继续劳动，

是最早的"雨衣"。可能是这样的衣服不太耐用，时间久了会有脱落、慢慢坏掉，所以后来有了衰退、衰败的含义。

衣领　　　棕毛　　　棕衣

嫘祖发现了蚕丝可以制衣之后，人们的衣服便逐渐进入了丝织时代。人们的生活离不开衣食住行，其中"衣"居首位，所以和丝织衣物最相关的"桑"和"丝"字出现得很早。"桑"是桑树的象形，在"木"的顶端突出了繁茂的树叶，《说文解字》里直接解释"桑"为"蚕所食叶木"。好像所有树木的名称中，只有"桑"是象形字，其他大

073

都是形声字，这应该能说明我们祖先对桑树的重视。"丝"字更有意思，甲骨文的形状像两根两端打了结的蚕线。《说文解字》对"丝"的解读是"蚕所吐也"，通过这个字，我们几乎可以想象出蚕宝宝是怎样吐出一根根的丝，我们的祖先又是怎样把一缕缕丝拧成一条条线的……

树木　　　　树叶　　　　桑木

打结的蚕丝　　打结的蚕丝　　丝线

丝线织成了布，就该做衣服了。于是有了"初"，甲骨文的"初"字，是"衣"中间加了个表示人的"大"，意思是人穿上了衣服。人制衣穿衣，遮羞保暖，开启了人类的文明，所以"初"有初始的含义。有的甲骨文把人移到了"衣"的右侧，并将"大"改成了"人"，篆书时，"人"演变成了"刀"的形状。《说文解字》把"初"解释为"裁衣之始"，就是从篆书的字形意会的。

衣服　　　表示"人"　　　人穿衣

再后来，又有了"锦"、"绣"等字。"锦"和"绣"都是形声字，"金"和"秀"

表声，"帛"和"丝"表形，这两个字的本义都是有彩色花纹的丝织品。"绣"是后来才引申为刺绣的意思的。有了"锦绣"，古人的衣服就越来越华丽漂亮了。在商周时"锦衣"是贵族的特权，普通百姓只能穿没有花纹的葛麻制成的本色"布衣"，所以后来"布衣"表示平民。从这时起，衣服就有了身份的象征，和治理国家的"礼"有了密切的关联。

现代社会，人人都可以穿着华美的衣服，不过作为礼仪之邦的中国人，应该传承我们"礼"文化中优秀的元素，如《墨子》"衣必常暖，然后求丽"的主张。这个时代，我们需要思考的，该不是如何变换每天的服装，如何追逐新潮和时尚，而是要用怎样的丝线编织生命，用怎样的经纬成就中华民族的锦绣前程。

衣表粲

丝初

穿梭于丝缕之间

二

在晴朗的夜晚，远离城市灯光，我们或许能够看到满天的星斗和横贯长空的银河。银河的东边有一颗星叫织女星，西边有一颗星叫牛郎星。传说织女是天帝的女儿，天宫的云锦天衣都是她巧手织就的，天帝怜惜她，把她许配给河西的牛郎。可织女出嫁后贪恋家庭之欢，荒废了纺织，天帝大怒，责令她回到河东，只许夫妻二人一年相会一次。七夕鹊桥相会的传说就是由这个故事演化而来的。

织女星、牛郎星的名字早在《诗经》里就有记载。想想古人也是有趣，能把满天的星星仰望成活泼的人，还能给这些人配了姻缘，道出一个个美好的故事。其实这样的诗情都来自于朴实的生活，天上的故事也源于人间的温暖。那时的社会，男耕田，女织布，分工明确、动静相宜，日子也过得闲适安然。或者在刚才的故事中我们会责怪天帝的无情，可细想想，或许其中隐含了一丝古人对纺织的重视。

女子在家纺织，应该是手工业最早的雏形。《史记》中记载，黄帝时期就发明了养蚕缫丝的方法，到了西周，丝织技术就已经非常普遍和发达了。我们现在常用的很多字

079

词，比如"经纬""断绝""继续"等，都和纺织有关。

经纬的"经"最早表示织机上的纵线，金文的"经"字很具象，左边是"糸"，表示丝织，右边上半部分表示在织机上精心布置的许多纵线，线中间的点是强调纵线的功用，下半部分是表示任务的"壬"，突出布线是重要的工序。

丝线　　织机上的纵线　　任务　　经线

纵线布置固定完毕，需要有横线交织其间，这种横线被称作"纬"。"韦"的甲骨文由"口"和两个"止"组成，"口"表示

城邑，两个"止"是双脚，像是人围绕着城池而行。"韦"字加"糸"，表示将丝线横向来回穿过，一一固定在织机上。织布时牵引纬线的工具是"梭"，我们常说的"穿梭""日月如梭"，就是从古代纺织演绎而来的。

城邑　　双脚　　绕城而行　　韦

丝线　　韦　　纬线　　纬

断绝的"断"字初看很复杂，但细看下去，右边的"斤"是砍切丝绳的刀斧，左边分明就是"丝"字被刀切成两段的样子。"绝"和"断"的意思基本相同，不过"绝"字出现得更早。甲骨文的"绝"很明显是个指事字——在两缕丝线的中间各加了一个短横，表示将丝线割成两段。后来的金文是在两组线中间加了一把"刀"，明确了用刀割断丝缕的意象。再后来的小篆保留了"糸"和"刀"，又加了割断丝线的人，于是慢慢有了现在的字形。和"断绝"反义的词是"继续"，"继"的金文很好玩儿，很明显是把断为两截的丝线连接起来的形象。

083

断丝　　　　刀　　　　刀切断丝线

连着的丝线　　　指事符号　　　将丝线
　　　　　　　　　　　　　　　割成两段

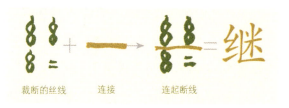

裁断的丝线　　　连接　　　连起断线

　　这些常用的汉字，见证了一段细腻真实的纺织文明，让我们看到一幅宏伟庞大的劳动画卷。在这样的文明与画卷中，我感知到的，不只是繁华与恢弘，更有一份淡泊与宁静。

　　常常能在博物馆的陈列中，在那些精巧细致的编织中看到一种来自远古的气象——静定而悦、恬淡从容。很难简单地把它归结为工匠精神，它给予我的，不只是对于工艺的赞叹，更是一种对于安定与智慧的敬畏。我们的生命中，或许需要一缕这样的精神。

经纬断

绝继

饮食背后的尊严

传说黄帝时期，天下太平、风调
雨顺，人们辛勤耕作，每年都享受
着丰收的喜悦，不再为饥饿忧愁。
不过粮食多了，需要想办法储存，
不然受潮会发霉腐烂。有一个叫杜
康的人，一天在树林里散步，发现
了几棵枯死的大树，只剩下干燥的
树干，于是试着把粮食封存到树洞

中。过了一段时间，杜康打开树洞查看，发现粮食发生了变化，还渗出一些液体，很香。他尝了尝，味道甘醇、吃后觉得神清气爽，于是他把这些香气浓郁的液体拿给大家分享。人们很喜欢这种香香的水，给它起了个名字，叫做"酒"。

"酒"的起源很早，甲骨文中有很多和"酒"相关的字。最早的"酒"字没有三点水，只有右边的"酉"，初看很像一个酒坛子的形状，可能是那时候人们为了表示对美酒的喜爱，特意制作了一种容器吧。深究起来，"酉"不是简单的象形，甲骨文的"酉"是在一个缸形的容器中间加了一横指事符号，表示缸里盛有酒液，上面的部分很像伸进酒坛、过滤酒糟的酒篓。后来"酉"字被地支借用，酒坛的本义消失，甲骨文又在旁边加了"水"，以强调坛中液体的"酒"。

缸　　　　指事符号　　　盛有酒的容器

水　　　　酒坛　　　　酒水

　　东汉许慎在《说文解字》中对"酉"的注释是"八月黍成，可为酎酒"。"黍"的甲骨文是"禾"与"水"的会意，表示可以酿酒的粮食；"酎"是指经过多次复酿的醇酒。许慎的意思是："酉"代表农历八月，这时节黍子成熟，可以酿制美酒了。很喜欢这样的解读，古人眼中的八月，不只有收获的欢喜，还有酒香四溢的静好……

禾　　　　水　　　　酿酒的粮食

　　"酒"字在《说文解字》中的解读更是丰富有趣——"酒，就也，所以就人性之善恶……一曰造也，吉凶所造也。""就"字最早由表示抓持的"又"和表示高耸亭台的"京"构成，意思是建成了高层的建筑物，后来引申出完成、成就的含义。"造"和"就"的意思相近，最初的字形由"舟"和"告"组成，本义是造船前祷祝进展顺利，后来引申出制造、创造的含义。许慎的意思，是酒可以成就人性的善恶，甚至可以导致事情的吉凶成败。如此反复强调某一物品的意义，在一向简明、严谨的许慎那里还是第一次。

尊食

而且他还未尽兴，在上面的注释后又写了一个故事：古代仪狄发明了酒，大禹品尝后大为赞叹，但也因此而疏远了他……

抓持　　　　亭台　　　　建成高层建筑

舟　　　　祷告　　　　祷祝造船顺利

　　古人珍爱、重视酒，不只是《说文解字》中有所呈现，在古代所有重大的礼仪、祭祀活动中都要进献美酒。献酒时，为了表示恭敬，会用双手把酒器举过头顶。有一个字，描述的就是这样一个场景：上面是"酉"，表示酒器，下面是双手，小心谨慎地托举着的样子。这个字，是尊敬的"尊"。以献酒的形态表示尊敬，足见"酒"在古人心目中的位置。

酒器　　　双手捧持　　　托举酒器

　　在古代，酒和人们的生活息息相关。比如配偶的"配"字，一边是酒坛，一边是跪坐的人，本义是通过调配控制酒的成色，后来引申为匹配、结合的含义。我们是不是也可以想象，在古代的婚礼上，新人跪坐，相互敬酒，表示自此成为夫妻，一起建造幸福的生活呢？

酒坛　　　跪坐的人　　　调酒

最有意思的，是饮食的"饮"字，最早专指饮酒。甲骨文的"饮"字很可爱，左边是个酒坛，右边是一个人捧着酒坛、伸着长长的舌头，很像是馋酒了，看着左右没人，悄悄打开盖子偷酒喝。古人组词，把饮食的"饮"放在"食"的前面，有没有可能是觉得喝酒比吃饭还重要呢？"食"字的甲骨文也很有趣，上面是朝下的"口"，表示低头吃东西，下面是表示容器的"豆"，"豆"的旁边有两个点，很像是因为馋而滴下的"垂涎"……如此不顾形象、津津有味地进食，让人看了忍俊不禁。

酒坛　　　伸着舌头的人　　伸舌饮酒的人

向下的口　　容器　　垂涎　　进食

　　古人注重"饮"和"食"，该是物质富
足之后的精神需求。人们不再只关注自己拥
有了什么物品，不再只关注生存，更多地开
始关注精神的愉悦和生活的品质。包括"酒"，
不只是一种日常的饮品，更多的是重大礼仪
活动中表示尊敬的"礼"的象征，这是一种
文明。

　　中国人崇尚"礼"。在周代的学校中，

最重要的科目就是学"礼"，不仅是日常行为中的礼节，更多的是礼庆活动中的仪轨，大至国家祭祀，小到家庭节庆。知礼，是一个人尊贵身份和德行修养的标准。中国是礼仪之邦，孔子一生致力于礼制的恢复，他认为，在礼崩乐坏的时代，国家是不安定的，百姓是不和睦、不幸福的。

　　中国，是有着优良传统的古老国度。弘扬传统文化，崇尚"礼"，不是为了炫耀，不是为了虚荣，更多的是为了和平与和谐。一个人，一个国家，习礼知礼，不仅是一种修养与态度，更重要的，是会收获尊严。

爱悦大雪

冬天若没有雪，总是欠着几分情致，如同秋不见月，春不见花。尤其是北方，天地沉寂苍茫，万物归敛束藏，须有几片雪花装点生机，才尽显冬的风骨。

传说，人间的雪由三位仙子掌管：周琼姬统管天上仙境芙蓉城；董双成保管琉璃净瓶，里面贮雪数片；需降雪时，姑射真人用黄金箸从瓶中轻敲出一片，飘至人间，便是一尺厚的瑞雪。

琼姬的美，苏东坡在《芙蓉城》里讲过；董双成精通音律，是西王母宠爱的玉女；姑射真人是庄子眼中"肌肤若冰雪，绰约若处子"的神人。那些雪，或许只有经这些仙子的手才会那么灵秀、高洁。芙蓉城、琉璃瓶、黄金箸、白雪数片，再加上三位清婉晶莹的女子，雪落时的意境，在古人的传说中明亮清丽起来。

不只是传说，"雪"字的甲骨文也很美好——中间是"羽"，四周是零落的雨点。飘雨的意象自不必说，用轻盈洁白的羽毛比拟飞扬的雪花实在是美妙。一直觉得汉字里氤氲着一种诗情，"雪"字可以佐证。后来的篆书，雨点演化成"雨"字，"羽"则被写成扫帚的形状，还加了表示手的"又"字，即"彗"。不清楚古人为什么要把简单的"雪"复杂化，后者看起来有清扫的意思，或者是觉得雨雪过后，空中的尘埃被扫除殆尽，天地一片清明？若是如此，也是一番情趣。

羽毛　　雨点　　飘雪

雪的美好，不只是降落时簌簌纷纷的梦幻迷离，也不止于雪后的纯净安详。《说文解字》中对"雪"的解读是"凝雨说物者"，"说"同"悦"，意思是凝结雨水，让万物喜悦的事物。这里的"悦"很耐人寻味，万物为何因雪而悦，难道也是因为雪落的美景？应该不是，农谚中有"瑞雪兆丰年"的句子，意思是祥瑞的大雪预示着来年的丰收。如此，雪便是丰收的征兆，也便是万物成就的起始了。

瑞雪和丰收的关联是在农事中总结出的经验，这说明我们的祖先善于发现偶然背后的必然。冬雪落地，若不消融，便是给大地盖上了一层棉被，雪花间贮留的空气能维持土壤温度，不让热量过度散失，农作物便可安然过冬；来年春暖，雪融成水，更可润生百谷，开启一个美好的丰收之年。万物因雪而悦，大致也是这个道理。

和"雪"字的美好相反的是"霜"。最初的"霜"字不是我们现在看到的样子。金文有几种写法：一种上面是"雨"字，下面像是倒写的"毛"，表示植物枯萎垂落；一种上面是"雨"字，中间是果实的样子，下面有表示枝叶向上的"屮"和一个枝叶倒垂

099

的形状，意思是在果实成熟的时节，植物遇霜而衰。《说文解字》对"霜"的解读很简洁："霜，丧也。成物者。"丧是肃杀，成是成就，肃杀之后而能成就万物，"霜"字看起来很有些功成身退的苍凉。

雨　　　　倒写的"毛"　　　植物枯萎垂落

世间的事物大致如此吧，有始必有终，有终方有新的开始。这样看来，"雪"在"霜"之后，便是一种令人欢欣的生机了。

掌管降雪的仙子还有这样一个传说：紫府真人有一次宴请姑射真人和董双成，大家都醉了，仙子拿着金箸敲琉璃瓶，想要唱个

曲儿，不小心把瓶敲破了，倾出很多雪片……

那一年，人间下了好大一场雪……

　　于是每有大雪，便能想见微醺的仙子。这样的仙子很可爱，连带着大雪也越发惹人爱悦了。

网
罗
出
的
文
明

禽罗

兽畜

103

据说夏朝末期，桀荒淫暴虐，国力衰微，民间怨声载道。与此同时，一个叫汤的人却因为仁爱得到很多人的拥护。《史记》里记载，有一次汤外出游猎，见有人在郊野四面布了大网，张网的人说："天下四方的禽兽，统统到我网里来吧！"汤觉得这样赶尽杀绝太残忍，于是命令那人撤掉三面网，祷告道："禽兽们啊，想逃的就从两边逃吧，命该绝的，就进网吧。"诸侯们听到此事，觉得汤真是仁义到极点，他能爱护禽兽，必能爱护百姓，于是纷纷叛离桀、归顺汤，这就是"网开三面"的故事。成语"网开一面"也由此而来。

甲骨文中有一个字和"网"的形状很相似，只不过下端系紧、网口向上张开，据说是用网罩在空中追扑飞行的鸟雀。后来这个字下面加了表示手持的"十"，明确了持网捕鸟的意思。金文的时候，在网罩上方加了表示盖子的符号，表示将抓捕的鸟雀放在封闭的空间里，于是后来慢慢有了"禽"字的形状。手拿着网撒向空中，网罗到鸟雀后拿盖子封起来，活生生一幅捕捉、擒拿的场景，所以有人觉得"禽"的本义是"擒"，后来才引申出鸟兽名称的含义。

网口向上　　手持的柄　　捕鸟

　　小时候顽皮，也用箩筐捕过鸟儿——在农田里，将箩筐扣放，里面用木棍支起一端，木棍的底部拴一根长长的细线，然后撒上几粒麦子，远远地躲在暗处，等馋嘴的麻雀钻到筐下面吃食，拉动木棍，小麻雀就被扣在箩筐里了。很有趣的一件事儿，后来在几千年前的甲骨文里发现了相同的情境——上面是"网"，下面是表示小鸟的"隹"，表示小鸟被扣在网罩里。金文的时候又在"网"下加了"系"，表示牵动手中的绳子捕鸟……这分明就是我们小时候玩的游戏。这个有趣的字是"罗"。成语"门可罗雀"的意思是

门庭冷落得都可以用"罗"来捕获麻雀了，还有"天罗地网"，意思也是从天上扣下来的"罗"和地上张开的"网"，形容无处逃脱。

网　　　小鸟　　　网罗小鸟

《说文解字》里说"禽"是走兽的总称，三国时期名医华佗发明的"五禽戏"，是模仿虎、鹿、熊、猿、鸟的动作锻炼身体，可见古时候禽兽两个字所指是相同的。不过有的书里也把"禽"和"兽"做了区别，《尔雅》里说两条腿有羽毛的是"禽"，四条腿有毛的是"兽"。这个说法倒是和我们平时的理解很相似。

甲骨文的"兽"字，左边是"单"，右边是"犬"。"单"字据说是远古时狩猎用的飞石索的象形，顶端是绳子绑着石头，中间是网兜儿，可以发射石块。这很像是古代的兵器流星锤或是现代体育项目里的链球，抛出去可以击打野兽。也有人说"单"字下面是"干"，古代防御用的武器，上面是绳子绑着石块，可以甩出去缠住野兽的腿。总之，"单"最初表示武器或是攻击，用石块、绳索攻击，再放出猎犬去捕获，"兽"字最早也是捕猎的意思。

107

单　　犬　　　捕猎

"兽"这个字里最好玩儿的是"犬"，甲骨文的"犬"字很生动，长长的嘴、瘦瘦的身子、翘翘的尾巴，一眼就能认出是只狗。跟"犬"一样，马、牛、羊、猪、鸡的甲骨文也都非常形象，只不过古代的猪被称作"豕"，甲骨文的"豕"和"犬"字很相似，区别只在于小猪胖胖的肚子和短短的尾巴。《三字经》里"马牛羊、鸡犬豕，此六畜，人所饲"指的就是这几种动物。

　　六畜的"畜"字，估计就是为了区别家养和野生的禽兽。甲骨文的"畜"字，上面是"幺"，表示系、绑，下面是"田"，表示围栏，"田"里面有四个点，应该是表示食物。有的甲骨文下面的围栏中是"艸"字，表示用嫩草饲养。把捕来的禽兽系在栏圈里，用食物或草饲养，就是"畜"字的本义了。清代段玉裁在《说文解字注》里说："畜，

力田之蓄积也。"意思是说，"畜"的目的是为从事农业生产而驯养禽兽。

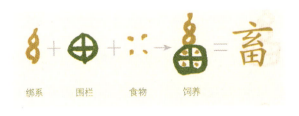

绑系　　围栏　　食物　　饲养

有了"畜"，人们不必再奔波狩猎，更重要的是，鸡可以下蛋，狗可以看家，马可以拉车，牛可以犁地……人类和禽兽可以不再为敌，甚至可以成为朋友，一起幸福地生活，想想真是美好。

从"网"到"单"，从"兽"到"畜"，我们看到了人类的进步，看到了生存与生活，看到了人与自然的和谐。我有时候会想，我们走近汉字、学习甲骨文，从中收获的真的不仅仅是知识，还有文明与智慧。

从一杯茶开始

农

茶

111

甘

上古时期，人们主要靠渔猎生存，可时间久了，人越来越多，鱼儿、鸟儿和走兽却越捕越少，人们常常忍饥挨饿，世界看起来也不是那么祥和。

这种情况到神农氏的时代才得以改善。传说有一天，一只红彤彤的神鸟飞过神农的头顶，口中掉落一簇五彩的谷穗，神农觉得这是上天的赏赐，于是很珍重地把它埋藏在土里，没想到，后来那里竟长出来一片禾苗。神农由此受到启发：原来谷子可以循环往复地播种、收获……于是他发明了耒耜等农具，教给大家耕种，带领人们走进了农耕文明。后人感恩他的功德，尊称他为神农氏。

甲骨文的"农"，上面是两株草连着一横，表示草丛，下面是"辰"字。"辰"由"石"和"𠬞"组成，"石"表示石锄，"𠬞"是双手持握的样子，整个字的含义是手持石锄耕作劳动。"农"字还有一种字形，上面的草丛写成了"林"，看着这个字，我们是不是可以想象出当年神农带领人们在丛林中趁着农时伐木锄草、开垦荒地、种植五谷的场景呢？

业 + 厂 + 彐 → 芦 = 农

草丛　　石锄　　双手执握　劳作

林 + 彐 + 止 → 茓 = 农

丛林　　石锄　　双手　手执石锄耕作

113

　　传说神农还有一个水晶般透明的肚子，可以看到食物在肠胃中的变化。那时候人们大都生吃食物，很容易生病，所以后来神农亲自品尝百草，观察各种草木在身体中的反应，以便为人们找出治疗疾病的草药。我们知道，很多花草有毒，不能随便吃，神农是怎么解决这个问题的呢？原来他早就发现了一种可以解毒的嫩叶。有一天他连续遇到了七十二种毒，全都是靠这种嫩叶化解的。这种叶子，被称作"茶"。

茶的起源很早。经典中记载，武王伐纣时就有国家以茶和其他珍品进贡给武王，还有记载表明那时就有人工栽培茶园了。不过那时候并没有"茶"字，人们用"荼"表示茶。

"荼"是个形声字，上面是"艸"，很像是小草的形状，下面的"余"表声。"荼"的本义是有点儿苦的草本植物，并不专指茶。也可以说，"荼"是个多义字，"茶"是"荼"的一种。在唐代以前，人们提到茶，都是用"荼"字表示的。唐朝时，茶成了日常饮品，为了加以区分和更准确地表达，人们便把"荼"字简省了一划，专门来表示茶了。

"艸"，　　表声的余　省在横画
表示草

　　"茶"是苦的，"茶"品饮起来却有一
种特殊的香甜。《诗经》里有"谁谓荼苦，
其甘如荠"的句子，说的可能就是茶。古时
候的"甘"字很有意思，外面是"口"，里
面一点表示食物，口中含有美食即是"甘"。
好茶入口，是舍不得一下子咽下去的，爱茶
人总喜欢让茶汤在舌尖盘桓几圈，这便是最
形象的"甜"字了。

115

口　　　　食物　　　口中含有美食

品茶是件很惬意的事，古人很享受这个过程，以至于后来，柴米油盐酱醋茶这日常生活的"开门七件事"之中有了茶的一席之地。甚至在很多成语里，人们常把茶、饭相提并论，比如茶余饭后、粗茶淡饭、茶饭不思等，古人对茶的重视可见一斑。

再到后来，茶不仅仅是一种饮品，更是有了"礼"的象征。客来先敬茶，是自古就有的礼节。在传统的婚礼、拜师礼中，"敬茶"也是一个重要的环节，以示对长辈的尊重。即便现在，我们去别人家做客，主人往往都会先沏一杯茶，然后才坐定寒暄，这不是客套，是习惯。一种礼节，形成了习惯，便是文化。

我们的传统文化，如同这茶一般，历经岁月辗转，细微地融入生活，浸至血脉。我们学习传统文化，是不是也可以从一杯茶开

农茶甘

117

始呢？朋友来了，请喝茶；父母回家，请喝茶；师长在前，请喝茶……不要小看这一杯茶，就在这双手奉敬之间，我们会感受一份真情，成就一段文明。

射落浮躁 射出典雅

在前面的故事中我们讲到十只三只脚的金乌，它们都是帝俊的儿子，东海边的扶桑树是他们的家。平时它们会在海里游泳、嬉耍，每天黎明的时候，会有一只金乌升上天空，化作太阳照耀人间。

有一天，它们觉得无聊，一起跑到天上，于是天空中出现了十个太阳。巨大的热浪烤焦了大地，晒干了河流，草木、房屋被烧成了灰烬，动物四处奔逃，人们也没办法生存。一个叫羿的神箭手奉天帝的旨令去驱赶太阳，可十兄弟根本不听羿的劝阻，肆意放射着光芒，把人间的灾难当做笑话。羿被激怒了，弯弓搭箭，射向太阳，一只、两只、三只……九只金乌中箭掉落，最后一只害怕了，答应羿每天东升西落，温暖人间，于是人们又开始了祥和的生活。

羿射九日的故事记载于《山海经》，十个太阳的传说当然是神话，羿这个神箭手却很可能是真的。尤其是弓箭，三四千年以前的甲骨文中就有"弓""矢""射"这些字。

"弓"是象形字，甲骨文的"弓"和我们常见的弓相似，只不过绷着丝弦的弓身上端多了一个挂钩。我们常用的好多字和"弓"有关，比如"引"，甲骨文的字形，左侧是

"弓"，右侧是持箭的手，本义是箭未上弦、引而待发，后来的篆书省去了持箭的手，于是有了现在的字形。还有"张"和"弛"，本义就是拉开弓弦和拆除弓弦，成语"一张一弛"就是出自这个本义。

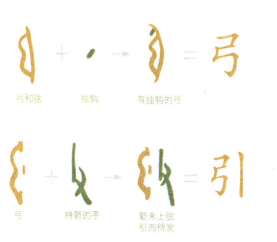

弓和弦　　挂钩　　有挂钩的弓

弓　　持箭的手　　箭未上弦引而待发

121

"矢"字的甲骨文，上面是锋利的箭簇，中间是箭杆，下面是有平衡旋尾的箭羽，很

具象的一支箭。成语"有的放矢""众矢之的"中，"矢"是箭，"的"表示靶心。有靶心含义的字还有"黄"，甲骨文的"黄"字是在箭竿上加了一圈指事符号，表示箭竿穿透其中。据说黄帝的名称即是由此而来，因为他是最早推广射箭习武的部落首领。

箭镞和箭杆 ＋ 箭羽 → 箭 ＝ 矢

失 ＋ 指事符号 → 箭穿其中 ＝ 黄

射箭的"射"字，最早的字形比现在的

字更简单、直观，就是一支箭搭在弓上准备发射的样子。金文的时候，在箭尾加了拉弓的手，篆书的时候误将"弓"和"矢"写成了"身"，将手和箭杆写成了"寸"，于是有了现在的"射"字。

弓　　　箭　　　准备发射的样子

123

　　还有一些字也和射箭有关，比如"函"和"备"：甲骨文的"函"像是装有箭枝的箭囊，上面还配有系扣；"备"的甲骨文也像是箭头向下放在箭筒里的样子。所以"备"字有预存、准备的含义，"函"字后来有了匣盒、包含的意思。古时候的信件是装在木

盒中运送的，所以信件也被称作信函。再比如"疾"和"医"：甲骨文的"疾"是一个人中箭受伤的样子，后来加了病床的形状，才有了现在的字形；"医"字最早和现在的简体字一模一样，"匚"表示箭筐，其中有"矢"，这就是"医"的本义，表示盛箭的筐。后来加了表示持械击打的"殳"和表示药酒的"酉"，意思演化为用药酒为箭伤等外伤治疗，所以有了繁体的"醫"字。

箭囊　　　箭　　　装箭的箭囊　　函

箭　　　箭桶　　　准备　　备

人　　　箭　　　受伤　　　疾

箭筐　　　箭　　　盛箭的筐　　　医

　　我们的祖先很早就开始使用弓箭，不过
射箭成为一项体育项目，最早的记载是周代。
那时的学校里，必学的功课有六门——礼、
乐、射、御、书、数，其中礼乐修养的是品
德，射御锻炼的是身体，书数增长的是知识。
六艺的学习，也算是德智体全面发展了。

　　《礼记》中记载，周代"射"的比赛，
赛前要作揖行礼，比赛中不只以是否射中靶

心判断胜负，还要仪态从容，而且胜者似乎没有奖励，输的人也只需饮酒。可以想象，这样的比赛是非常平和的，没有分毫不让的竞争、没有剑拔弩张的气氛，更像是一场愉悦的游戏，古人重视的是一种气度的修养与锻炼。这样的比赛，射落的是浮躁与名利，射出的是典雅与雍容。

据说孔子就是个神箭手，他曾经跟弟子说：真正的君子是不会与人争斗的，如果有所争一定是比射箭，因为射箭比赛才是君子之争啊。由此可见，古代的体育和现代有些不同，古人不看重比赛结果，更关注的是精神气质的展现。

"育"字最早的字形，左边是"女"，右边是倒着的"子"，表示女人生孩子。《说文解字》中对这个字的解读是"养子使作善也"，意思是教育孩子成为一个品德善良的

人。古代的"体育"，应该是在身体锻炼的同时达到品德修养的目标。

一个人，能打败别人，没什么值得炫耀的，不过是有力气、懂点儿技巧而已。如同一个国家，可以强大，但不能恃强凌弱。比"力"更强大的是"勇"，比"勇"更强大的是"智"，比"智"更强大的是"德"。大德生大智，大智生大勇，真正的力量，来自精神。

由"体"到"育"，是古代体育的灵魂；不尚武力，崇尚和平，是古代体育的品格。我们的血液里传承着这种高贵的灵魂与品格，我们是骄傲的中国人。

不简单的『学』

传说在上古时期，有个叫华胥的姑娘，在雷泽游玩时见到一个巨大的脚印，便好奇地踩了一下，后来就有了身孕，生下一个儿子，取名伏羲。伏羲天生便有着超凡的智慧，据说他仰观天文，俯察地理，试图从中寻找宇宙和生命的真谛。终于有一天，他领悟到阴阳的交错变化

网学觉

129

悟文

是自然运行最根本的规律，于是依此画出了八卦，以八种简单却寓义深刻的符号来概括并推演天地万物的发展变化，指导人们的劳作和生活。

后来他还发明了结网，并教给大家用绳子编成网捕鱼打猎。"网"是个象形字，甲骨文的"网"，两侧是立柱或网的边缘，中间的"爻"表示绳线交织而成的网孔。这样的网便于携带，而且捕鱼时小鱼可以从网孔中穿过得以存活，打猎时较小的鸟兽可以避免受到伤害。人们把捕到的鸟兽饲养起来，自此有了家禽和家畜，有些家畜成了人类的得力助手，帮助人们耕种劳作，开启了新的文明。后人感恩伏羲，尊其为"羲皇"，视其为中华民族的人文始祖。

立柱　　　　网孔

伏羲教人结网渔猎，是典籍记载中最早的教育。结网需要学习，不然很难编织出又漂亮又结实的网。"学"字上半部分中间是"爻"，两边是一双倒垂的手，中间的"冖"表示房屋或是下垂的帷幕，下面的"子"表示正在学习的人。我们是不是可以想象，是伏羲用他的双手在演示结网、教人渔猎呢？

双手　　爻　　房屋　学生　学习

其实最早的"学"字很简单，甲骨文有一种字形只有"×"和"∩"，像是表示演习运算的房屋。有的甲骨文在"×"两侧加了手，突出了有老师教习的意象。我们现在看到的"学"字的形状是到金文时才有的，还有的金文在"学"右边加了"攴"——下面是一只手，上面是一根小木棍，本义是轻轻地击打。这样的字形很像是我们小时候的学堂了：老师手里拿着戒尺，背着手，在学生身旁监督学习，如果有学生不用心，很可能会被老师施以小小的惩戒……

运算　　　房屋　　　演习运算

学 　　手持木棍　　老师监督　　 敎
　　　　　　　　　　学生学习

《说文解字》中没有"学"字，但能查到加了"攴"的"斅"，释义是"觉悟也"。"觉"字把"学"下面的"子"换成了"见"，像是一个孩子学有所成，把知识转化成了自己的见地且有所发现；"悟"由表示自己的"吾"和象征本性的"心"组成，本义是明心见性、发现自我。由此，最早的"学"，注重的应该不是知识和技能，而是自我的觉醒和智慧的开启。

133

学习　　　见　　　学有所成
　　　　　　　　有所发现

觉

自己　　　心　　　发现自我

悟

　　"学"上面的"爻"，或许和伏羲教人
结网的传说无关，但是它和伏羲发明卦象有
着密切的关联。"爻"字常见于《易经》，
是卦象的组成部分。《说文解字》对"爻"
的解读是"交"，意思是交错变化。伏羲画卦，
效法天地人三才，每卦立三个爻，用阴爻、
阳爻的交错来表述天地间的规律，推演世事
的变化。最初的"学"，我们是不是还可以

想象成伏羲在推演卦象，给孩子们展示天地自然的道理和规律呢？

交错　变化

很简单的一个字，细琢磨，却有着如此深邃的内涵，古人的智慧，常常令人叹为观止。"学"字不简单，很可能既包含了生存和生活的基本技能，还包含了对自然乃至生命的认知。有了生存的能力，继而了解了生命的规律和意义，才能创造美好的生活。

学习，需要良好的环境和完善的体制。古书记载，我国早在夏代就有了学校的建制，当时称之为"校"，到殷商时期，称为"序"，到了周代，称为"庠"。不过那时的学校都是国家开设的，只有贵族子弟才有资格入校学习，后来孔子开办"私学"，教授学生不分贫富贵贱，才开启了后世平等、自由的教育。

最重要的是，孔子的教学不拘泥于知识和技艺，他更希望学生培养仁爱的心性与高尚的品德，把学习的目标定义在对自然大道的认知与体证上，他强调的"志于道，据于德，依于仁，游于艺"，很像是"学"字里蕴藏的道理。孔子的教育思想，对后世有着深远的影响，被后人尊为"至圣先师"。

从伏羲到孔子，从八卦到道德，我们看到了最古老的"学"。现在的学校里，我们可以学习语文、数学、音乐、体育，看起来和孔子所教的"六艺"没什么不同，但总觉得少了点儿什么。应该是缺了思想和情怀吧，

或许我们可以在完成功课的同时，想想伏羲和孔子，想想"学"和"爻"，在传承古人智慧的基础上开创自己美好的未来。

后 记

这本书的初稿，距今有三四个年头了。前阵子整理成册时，发现了其中的一些硬伤，包括对汉字的解读，出了一身冷汗。一直自诩的是对汉字的体悟，觉得好多字有自己的见地，觉得我能走到汉字身后与造字的古人对话，觉得现代一些人对汉字的解读太过肤浅甚或不负责任。没想到，自己陷入了自以为是的"觉得"。

当时写那些文章，也是翻过字典，查过资料的，现在想来，很可能不够精致，马虎了。学习、探究的道路上，丝毫的马虎，都将裂变成生命历程中巨大的、可怕的陷阱。还好，这样的警醒，让我重新省视自己，让我在汉字面前谦卑下来。换一个角度，仰视它们时，惊奇地看到一个近乎全新的世界。

无法不迷恋汉字。颜回说孔子"仰之弥高，钻之弥坚"，我在汉字里真实地体证了相似的感叹。汉字于我，更像是师者。

　　包括那些古老的神话与传说，最初只是觉得有趣，后来细考据，竟也蕴藏着庞大的思想与情怀，隐逸着今人无法企及的空灵与廓远。出于尊重或是敬畏，这本书里，没敢改编、丰富那些神话，只尽可能地依照我能查找到的最早的原文，用孩子们能看懂的语言叙述。或许不够生动，但能留一些空间给孩子们想象，该也没什么不好。

　　十五篇文章，选取古代学习、教育、衣食住行等主题，用汉字串联起一段段切片式的场景，讲述我触摸到的传统文化的精神与情感，唯一希望的，是孩子们能由此爱上汉字，爱上我们流传久远且历久弥新的文化。

田舍之
戊戌夏至于潮白河随寓

图书在版编目（CIP）数据

汉字与传说 / 田舍之著 . —上海：少年儿童出版社，
2018.12
（汉字中国）
ISBN 978-7-5589-0499-8

Ⅰ.①汉 ... Ⅱ.①田 ... Ⅲ.①汉字—少儿读物
Ⅳ.① H12-49

中国版本图书馆 CIP 数据核字（2018）第 262989 号

汉字中国

汉字与传说

田舍之 著

简　山 绘图
赵晓音 装帧
梁　燕 策划

责任编辑 霍　聃　美术编辑 赵晓音
责任校对 黄亚承　技术编辑 许　辉

出版发行 少年儿童出版社
地址 200052 上海延安西路 1538 号
易文网 www.ewen.co　少儿网 www.jcph.com
电子邮件 postmaster@jcph.com

印刷 天津旭丰源印刷有限公司
开本 787×1092　1/32　印张 4.75　字数 49 千字
2022 年 3 月第 1 版第 3 次印刷
ISBN 978-7-5589-0499-8 / I·4377
定价 35.00 元